Made in the USA
Las Vegas, NV
18 December 2020

13999538R00068